Favorite German Art Songs

To access companion recorded accompaniments
and diction lessons online, visit:
www.halleonard.com/mylibrary

5144-7987-7307-3154

ISBN 978-0-7935-6246-6

7777 W. BLUEMOUND RD. P.O. BOX 13819 MILWAUKEE, WI 53213

Visit Hal Leonard Online at
www.halleonard.com

ON THE
RECORDING

GARY ARVIN, pianist and translator, has extensive experience as a coach for the Houston Grand Opera, Santa Fe Opera, Cincinnati Opera, and the American Institute of Musical Studies in Graz, Austria. In 1986 Mr. Arvin was selected as Official Accompanist for the International Belvedere Competition in Vienna, the world's largest operatic singing competition.

Equally active in the genre of art song, Mr. Arvin has appeared in recital with singers throughout the United States, Austria, and Finland, and has distinguished himself as an accompanist both here and abroad in master classes for Gérard Souzay in French mélodies, Hans Hotter in German lieder, and Sir Peter Pears in the vocal works of Benjamin Britten. He has also recorded for the National Radio of Finland. Recent recital appearances include Santa Barbara, San Jose's Villa Montalvo Festival, the Cleveland Art Song Festival, and Carnegie Hall.

As the recipient of a Fulbright Grant, Mr. Arvin studied at the Hochschule für Musik und darstellende Kunst in Vienna after earning degrees from Indiana University and the University of Illinois. Over the years Mr. Arvin has maintained private coaching studios in Houston, Cincinnati, and New York.

In the summer of 1990 Mr. Arvin assumed the Artistic Directorship of the Art Song Program at the Summer Vocal Institute in Santa Barbara. He is currently Associate Professor of Vocal Coaching and Song Literature at Indiana University. He has also recorded "Songs of Joseph Marx" for Hal Leonard.

Contents

Piano accompaniments, translations, and International Phonetic Alphabet guides by Gary Arvin.

Diction lessons by Johanna Moore.

The price of this publication includes access to companion recorded accompaniments and diction lessons online, for download or streaming, using the unique code found on the title page. Visit **www.halleonard.com/mylibrary** and enter the access code.

A NOTE ON USING THE
INTERNATIONAL PHONETIC ALPHABET

A general understanding of the International Phonetic Alphabet is essential in order to the derive the maximal benefit offered by this publication. It is of course impossible to rely solely on printed sources for perfect pronunciation in any language without the supplement of aural examples coupled with immediate verbal feedback. As a quick reference, however, a guide to the IPA symbols used in this book follows.

VOWELS

	GERMAN	FRENCH	ENGLISH
[ɑ]	fahren	pas	yard
[a]	Wein	amour	eye
[e]	stehen	parler	chaotic 1
[ɛ]	besser	même	bet
[i]	Liebe	fille	beat
[ɪ]	Sinn	-----	thin
[o]	wohl	château	obey 1
[ɔ]	Wonne	soleil	faught
[u]	Ruh	où	blue
[ʊ]	bunte	-----	could
[ə]	meine 2	calme 2	America 2
[y]	über	du	-----
[ʏ]	fünf	-----	-----
[ø]	schön	feu	-----
[œ]	Götter	peuple	-----
[ɑ̃]	-----	penser	-----
[ɛ̃]	-----	faim	-----
[ɔ̃]	-----	non	-----
[œ̃]	-----	parfum	-----

1.   The sounds [ᶹ] and [o] do not actually occur in English as pure *monothongs* but rather as part of the *dipthongs* [eɪ] and [oʊ], respectively, as in "stay" [steɪ] and "go" [goʊ]. The examples "chaotic" and "obey" were thought, however, to be rare examples of *relatively* non-dipthongized English vowels.

2.   Although the same IPA symbol is used in all three languages to represent the so-called "schwa" or unstressed neutral vowel sound, it is important to acknowledge actual differences in its formation in these three languages. While the American neutral vowel is completely lacking in lip tension, the French "mute e" requires a good deal of lip rounding resulting in a modification toward [œ] or [ø] and the German "schwa", in the vocabulary of many of the finest German singers, is characterized by a certain coloring toward [e] or [ɛ].

CONSONANTS

	GERMAN	FRENCH	ENGLISH
[b]	bang	beauté	bargain
[d]	Diebe	Dieu	dormant
[f]	fahren	fort	fine
[g]	Gott	gallerie	gateway
[h]	halt	-----	hate
[j]	Jahr	hier	yard
[k]	klagen	carte	coat
[l]	Liebe	lorsque	lamb
[m]	Meer	même	marry
[n]	nicht	nouvelle	north
[p]	Partitur	pour	portion
[r]	Reden	réserve	-----
[ʀ]	-----	-----	rental
[s]	das	sonore	solo
[t]	Tisch	toujour	tuba
[v]	Wellen	wagon-lit	variation
[w]	-----	-----	willing
[χ]	auch	-----	-----
[ç]	dich	-----	huge
[z]	Eisen	oser	closing
[ʃ]	Schlaf	chercher	shine
[ɥ]	-----	nuit	-----
[ʒ]	Gage	jouer	vision
[ŋ]	Ring	-----	ring
[ɲ]	-----	gagner	onion

DIACRITICAL MARKINGS

[:]	lengthens the preceding vowel
[']	indicates that the following syllable is stressed
[|]	indicates a glottal stop (or fresh attack) of the following vowel

An die Musik
To Music

music by Franz Schubert   (1797-1828)
poem von Franz von Schober   (1798-1883)

Du holde Kunst,	*O noble art!*
in wieviel grauen Stunden,	*How often in gloomy times,*
Wo mich des Lebens	*when life's vicious circle*
wilder Kreis umstrickt,	*encompassed me,*
Hast du mein Herz	*you have kindled my heart*
zu warmer Lieb entzunden,	*to the warmth of love*
Hast mich in eine	*and transported me*
bessre Welt entrückt!	*to a better world!*
Oft hat ein Seufzer,	*Often a sigh,*
deiner Harf entflossen,	*escaping from your harp---*
Ein süsser, heiliger	*a sweet and blessed*
Akkord von dir	*chord from you---*
Den Himmel bessrer Zeiten	*has opened up to me*
mir erschlossen,	*a heaven of better times.*
Du holde Kunst,	*O noble art,*
ich danke dir dafür!	*For this I thank you!*

An die Musik
aːn diː muˈziːk

Du   holde   Kunst,   in   wieviel   grauen   Stunden,
duː   ˈhɔldə   kʊnst   ǀɪn   ˈviːfiːl   ˈgrɑʊən   ˈʃtʊndən

Wo   mich   des Lebens   wilder   Kreis   umstrickt,
voː   mɪç   dɛs ˈleːbəns   ˈvɪldər   krɑes   ǀʊmˈʃtrɪkt

Hast du   mein Herz   zu   warmer   Lieb entzunden,
hɑst duː   mɑenhɛrts   tsuː   ˈvɑrmər   liːp ǀɛntˈtsʊndən

Hast mich   in   eine   bessre   Welt   entrückt!
hɑst mɪç   ǀɪn   ˈǀɑenə   ˈbɛsrə   vɛlt   ǀɛntˈrʏkt

Oft   hat   ein   Seufzer,   deiner   Harf entflossen,
ǀɔft   hɑt   ǀɑen   ˈzɔøftsər   ˈdɑenər   harf ǀɛntˈflɔsən

Ein   süsser   heiliger   Akkord   von   dir
ǀɑenˈzyːsər   ˈhɑelɪgər   ǀaˈkɔrt   fɔn   diːr

Den Himmel   bessrer   Zeiten   mir   erschlossen,
deːnˈhɪməl   ˈbɛsrər   ˈtsɑetən   mɪr   ǀɛrˈʃlɔsən

Du: holde   Kunst,   ich   danke   dir   dafür!
duː   ˈhɔldə   kʊnst   ǀɪç   ˈdankə   diːr   daˈfyːr

When studying the recording of the native speaker on the cassette, it should be noted that the "R" sound needs to be modified to a flipped or rolled "R" when singing classical music in German.

AN DIE MUSIK

Franz von Schober
(original key D major)

Franz Schubert

bess' - re Welt ent - rückt, in ei - ne bess' - re Welt ___ ent -

rückt!

Oft hat ein Seuf - zer, dei - ner Harf' ent - flos - sen,

Ein sü - ßer, hei - li - ger Ak - kord ___ von ___ dir,

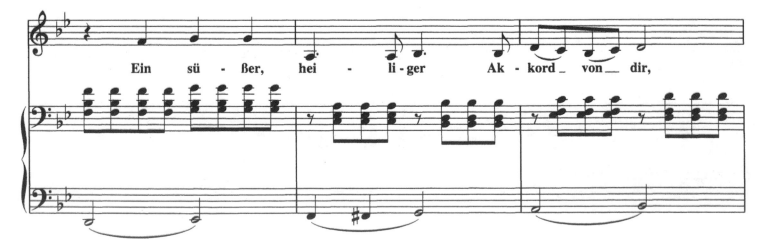

Den Him - mel bess' - rer _ Zei - ten mir er -

schlos - sen, Du hol - de Kunst, ich _ dan - ke dir da -

cresc.

für, du hol - de Kunst, _ ich dan - ke dir!

p

fp *fp*

Die Forelle
The Trout

music by Franz Schubert   (1797-1828)
poem by Christian Schubart   (1739-1791)

In einem Bächlein helle,	*In a clear little brook*
Da schoss in froher Eil	*there darted merrily about*
Die launische Forelle	*a playful trout*
Vorüber wie ein Pfeil.	*shooting by like an arrow.*
Ich stand an dem Gestade	*I stood on the bank*
Und sah in süsser Ruh	*and watched with contentment*
Des muntern Fischleins Bade	*the happy little fish bathing*
Im klaren Bächlein zu.	*in the clear little brook.*
Ein Fischer mit der Rute	*A fisherman with his rod*
Wohl an dem Ufer stand,	*was also standing on the bank*
Und sah's mit kaltem Blute,	*and coldly observed*
Wie sich das Fischlein wand.	*the little fish's movements.*
So lang' dem Wasser helle,	*"As long as the water stays clear,"*
So dacht' ich, nicht gebricht,	*I thought, "and not muddied,*
So fängt er die Forelle	*he'll never catch the trout*
Mit seiner Angel nicht.	*with his hook."*
Doch endlich ward dem Diebe	*But eventually the thief*
Die Zeit zu lang. Er macht	*found the wait too long. So he*
Das Bächlein tückisch trübe,	*cleverly stirred up the little brook*
Und eh ich es gedacht,	*and before I hardly knew it*
So zuckte seine Rute,	*he jerked his rod*
Das Fischlein zappelt dran,	*and there dangled the little fish*
Und ich mit regem Blute	*while I, with my pulse racing,*
Sah die Betrog'ne an.	*just stared at the betrayed one.*

Die Forelle
di: fɔ'rɛlə

In	einem	Bächlein	helle,		So	lang dem Wasser	helle,
|ɪn	'ĺaenəm	'bɛçlaen	'hɛlə		zo:	laŋ de:m 'vasər	'hɛlə

Da	schoss	in	froher	Eil		So	dacht' ich, nicht	gebricht,
da:	ʃɔs	|ɪn	'fro:ər	|ael		zo:	daχt |ɪç nɪçt	gə'brɪçt

Die	launische	Forelle		So	fängt	er die	Forelle
di:	'laʊnɪʃə	fɔ'rɛlə		zo:	fɛŋkt	|e:r di:	fɔ'rɛlə

Vorüber	wie	ein	Pfeil.		Mit	seiner Angel	nicht.
fo:'ry:bər	vi:	|aen	pfael		mɪt	'zaenər |aŋəl	nɪçt

Ich	stand	an	dem	Gestade		Doch	endlich ward	dem	Diebe
|ɪç	ʃtant	|a:n	de:m	gə'ʃta:də		dɔχ	'ĺɛntlɪç vart	de:m	'di:bə

Und	sah	in	süsser	Ruh		Die	Zeit	zu	lang. Er macht
|ʊnt za:	|ɪn	'zy:sər	ru:		di:	tsaet	tsu:	laŋ e:r maχt

Des	muntern	Fischleins	Bade		Das	Bächlein tückisch	trübe,
dɛs	'mʊntərn	'fɪʃlaens	'ba:də		das	'bɛçlaen 'tʏkɪʃ	'try:bə

Im	klaren	Bächlein	zu.		Und	eh	ich	es gedacht,
|ɪm	'kla:rən	'bɛçlaen	tsu:		|ʊnt |e:	|ɪç	|ɛs gə'daχt

Ein	Fischer	mit	der Rute		So	zuckte seine	Rute,
|aen'fɪʃər		mɪt	de:r 'ru:tə		zo:	'tsʊktə 'zaenə	'ru:tə

Wohl	an	dem Ufer stand,		Das	Fischlein	zappelt	dran,
vo:l	|a:n	de:m'ĺu:fər ʃtant		das	'fɪʃlaen	'tsapəlt	dran

Und	sah's	mit	kaltem	Blute,		Und	ich mit	regem	Blute
|ʊnt	za:s	mɪt	'kaltəm	'blu:tə		|ʊnt |ɪç	mɪt	're:gəm	'blu:tə

Wie	sich	das	Fischlein	wand.		Sah	die Betrog'ne an.
vi:	zɪç	das	'fɪʃlaen	vant		za:	di: bə'tro:gnə |an

When studying the recording of the native speaker on the cassette, it should be noted that the "R" sound needs to be modified to a flipped or rolled "R" when singing classical music in German.

DIE FORELLE

Christian Schubart
(original key D-flat major)

Franz Schubert

Etwas lebhaft (Poco animato)

In ei - nem Bäch - lein

hel - le, Da schoß in fro - her__ Eil' Die lau - ni - sche Fo - rel - le Vor - ü - ber__ wie ein Pfeil. Ich

stand an dem_ Ge - sta - de, Und sah in sü - ßer_

Ruh' Des mun - tern Fisch-leins Ba - de Im kla - ren Bäch-lein

zu, des mun - tern Fisch - leins_ Ba - de im

kla - ren Bäch-lein zu.

bricht, So fängt er die Fo - rel - le Mit sei - ner An - gel

nicht, so fängt er die Fo - rel - le mit

sei - ner An - gel nicht.

p

Doch end - lich ward dem Die - be

pp

Die Zeit zu lang. Er macht Das

Bäch - lein tü - ckisch trü - be, Und eh'_____ ich es ge -

dacht; So zuck - te sei - ne Ru - te, Das Fisch - lein, das

Fisch - lein zap - pelt dran, Und ich mit re - gem

Blu - te Sah die Be - trog - ne an, und

ich___ mit re - gem___ Blu - te sah die Be - trog - ne

an.

dim.

pp

Heidenröslein
Rosebud on the Moors

music by Franz Schubert   (1797-1828)
poem by Johann Wolfgang von Goethe   (1749-1832)

Sah ein Knab ein Röslein stehn,	*A boy saw a rosebud growing,*
Röslein auf der Heiden,	*rosebud on the moors.*
War so jung und morgenschön,	*It was so young and fresh as the morning*
Lief er schnell, es nah zu sehn,	*that he quickly ran to look at it more closely.*
Sah's mit vielen Freuden.	*He gazed at it with great pleasure.*
Röslein, Röslein, Röslein rot,	*Rosebud, rosebud, rosebud red,*
Röslein auf der Heiden.	*rosebud on the moors.*
Knabe sprach: Ich breche dich,	*The boy said: "I'll pick you,*
Röslein auf der Heiden!	*rosebud on the moors."*
Röslein sprach: Ich steche dich,	*The rosebud said: "I'll prick you*
dass du ewig denkst an mich,	*so that you'll always remember me*
Und ich will's nicht leiden.	*and I won't allow it."*
Röslein, Röslein, Röslein rot,	*Rosebud, rosebud, rosebud red,*
Röslein auf der Heiden.	*rosebud on the moors.*
Und der wilde Knabe brach	*And so the unruly boy picked*
's Röslein auf der Heiden;	*the rosebud on the moors.*
Röslein wehrte sich und stach,	*The rosebud defended itself and pricked him*
Half ihm doch kein Weh und Ach,	*but its wails and crys were of no avail.*
Musst es eben leiden.	*It simply had to suffer.*
Röslein, Röslein, Röslein rot,	*Rosebud, rosebud, rosebud red,*
Röslein auf der Heiden.	*rosebud on the moors.*

Heidenröslein
ˈhɑedən ˈrøːzlɑen

Sah	ein	Knab	ein	Röslein stehn,
zɑː	ǀɑen	knɑːp	ǀɑen	ˈrøːzlɑen ʃteːn

Röslein	auf	der	Heiden,
ˈrøːzlɑen	ǀɑʊf	deːr	ˈhɑedən

War	so	jung und	morgenschön,
vɑːr	zoː	jʊŋ ǀʊnt	ˈmɔrgen ˈʃøːn

Lief	er	schnell,	es	nah zu sehn,
lɪːf	ǀeːr	ʃnɛll	ǀɛs	nɑː tsuː zeːn

Sah's	mit	vielen Freuden.
zɑːs	mɪt	ˈfɪːlən ˈfrɔøden

Röslein,	Röslein,	Röslein rot,
ˈrøːzlɑen	ˈrøːzlɑen	ˈrøːzlɑen roːt

Röslein	auf der	Heiden.
ˈrøːzlɑen	ǀɑʊf deːr	ˈhɑedən

Knabe	sprach:	"Ich breche	dich,
ˈknɑːbe	ʃprɑχ	ǀɪç ˈbrɛçe	dɪç

Röslein	auf der	Heiden!"
ˈrøːzlɑen	ǀɑʊf deːr	ˈhɑedən

Röslein	sprach:	"Ich steche	dich,
ˈrøːzlɑen	ʃprɑχ	ǀɪç ˈʃteçe	dɪç

dass du	ewig	denkst	an mich,
dɑs duː	ˈeːvɪç	dɛŋkst	ǀɑn mɪç

Und ich	will's	nicht	leiden."
ǀʊnt ǀɪç	vɪls	nɪçt	ˈlɑeden

Röslein,	Röslein,	Röslein rot,
ˈrøːzlɑen	ˈrøːzlɑen	ˈrøːzlɑen roːt

Röslein	auf der	Heiden.
ˈrøːzlɑen	ǀɑʊf deːr	ˈhɑedən

Und der	wilde	Knabe	brach
ǀʊnt deːr	ˈvɪlde	ˈknɑːbe	brɑχ

's	Röslein	auf der	Heiden;
s	ˈrøːzlɑen	ǀɑʊf deːr	ˈhɑedən

Röslein	wehrte	sich und	stach,
ˈrøːzlɑen	ˈveːrte	zɪç ǀʊnt	ʃtɑχ

Half ihm	doch	kein	Weh	und Ach,
hɑlf ǀɪːm	dɔχ	kɑen	veː	ǀʊnt ǀɑχ

Musst	es	eben	leiden.
mʊst	ǀɛs	ˈeːbən	ˈlɑeden

Röslein,	Röslein,	Röslein rot,
ˈrøːzlɑen	ˈrøːzlɑen	ˈrøːzlɑen roːt

Röslein	auf der	Heiden.
ˈrøːzlɑen	ǀɑʊf deːr	ˈhɑedən

When studying the recording of the native speaker on the cassette, it should be noted that the "R" sound needs to be modified to a flipped or rolled "R" when singing classical music in German.

HEIDENRÖSLEIN

Johann Wolfgang von Goethe
(original key G major)

Franz Schubert

Lieblich (Con tenerezza)

Sah ein Knab' ein Rös - lein __ steh'n, Rös - lein auf der Hei - den,

War so jung und mor - gen - schön, Lief er schnell, es nah' __ zu __ seh'n,

Sah's __ mit __ vie - len __ Freu - den. Rös - lein, Rös - lein, Rös - lein __ rot,

nachgebend (meno mosso)

pp

cresc.

pp

wie oben (come prima)

Rös-lein auf der Hei - den.   Kna - be sprach: "Ich

bre - che _ dich,   Rös-lein auf der Hei - den!"   Rös-lein sprach: "Ich ste - che _ dich,

Daß du e - wig denkst _ an_ mich,   Und _ ich _ will's_ nicht_ lei - den."

cresc.

nachgebend (meno mosso)   *wie oben (come prima)*

Rös-lein, Rös -lein, Rös - lein_ rot,   Rös-lein auf der Hei - den.

pp

Und der wil - de Kna - be brach 's Rös - lein auf der Hei - den,

Rös - lein wehr - te sich und stach, Half ihm doch kein Weh und Ach,

nachgebend (meno mosso)

Mußt' es e - ben lei - den. Rös - lein, Rös - lein, Rös - lein rot,

cresc.

pp

wie oben (come prima)

Rös - lein auf der Hei - den.

Der Nussbaum
The Nut Tree

music by Robert Schumann   (1810-1856)
poem by Julius Mosen   (1803-1867)

Es grünet ein Nussbaum vor dem Haus, duftig, luftig breitet er blättrig die Blätter aus.	*A nut tree grows in front of the house.* *Fragrant and airy* *it spreads out its leafy branches.*
Viel liebliche Blüten stehen d'ran; linde Winde kommen, sie herzlich zu umfahn.	*Many lovely blossoms grow on it.* *Gentle breezes* *come to caress them lovingly.*
Es flüstern je zwei zu zwei gepaart, neigend, beugend zierlich zum Kusse die Häuptchen zart.	*They whisper together in pairs,* *bowing, bending* *gracefully their tender little heads for* *a kiss.*
Sie flüstern von einem Mägdlein, das dächte die Nächte und Tage lang, Wusste ach! selber nicht was.	*They whisper about a girl who* *thinks all night* *and all day of, alas, she herself knows* *not what.*
Sie flüstern, wer verstehn so gar leise Weis'? Flüstern von Bräut'gam und nächstem Jahr.	*They whisper. Who is able to* *discern such a quiet gesture?* *They whisper of a bridegroom and of* *next year.*
Das Mägdlein horchet, es rauscht im Baum. Sehnend, wähnend sinkt es lächelnd in Schlaf und Traum.	*The girl listens, the tree rustles.* *Longing, imagining* *she sinks, smiling, into sleep and* *dreams.*

Der Nussbaum
deːr ˈnʊsbaʊm

Es   grünet   ein   Nussbaum   vor   dem   Haus,
ɛs   ˈgryːnət   ǀaen   ˈnʊsbaʊm   foːr   deːm   haʊs

duftig,   luftig   breitet   e r   blättrig   die   Blätter aus.
ˈdʊftɪç   ˈlʊftɪç   ˈbraetət   ǀeːr   ˈblɛtrɪç   diː   ˈblɛtərǀaʊs

Viel   liebliche   Blüten   stehen   d'ran;
fiːl   ˈliːplɪçə   ˈblyːtən   ˈʃteːən   dran

linde   Winde   kommen,   sie   herzlich   zu   umfahn.
ˈlɪndə   ˈvɪndə   ˈkɔmən   ziː   ˈhɛrtslɪç   tsuː   ǀʊmˈfaːn

Es   flüstern   je   zwei   zu   zwei   gepaart,
ǀɛs   ˈflʏstərn   jeː   tsvae   tsuː   tsvae   gəˈpart

neigend,   beugend   zierlich
ˈnaegənt   ˈbɔøgənt   ˈtsiːrlɪç

Zum   Kusse   die   Häuptchen   zart.
tsʊm   ˈkʊsə   diː   ˈhɔøptçən   tsart

Sie   flüstern   von   einem   Mägdlein,
ziː   ˈflʏstərn   fɔn   ǀaenəm   ˈmɛːkdlaen

das   dächte   die   Nächte   und   Tage   lang,
das   ˈdɛçtə   diː   ˈnɛçtə   ǀʊnt   ˈtaːgə   laŋ

Wusste   ach!   selber   nicht   was.
ˈvʊstə   ǀaχ   ˈzɛlbər   nɪçt   vas

Sie   flüstern,   sie   flüstern,
ziː   ˈflʏstərn   ziː   ˈflʏstərn

Wer   mag   verstehn   so   gar   leise   Weis'?
veːr   mak   fɛrˈʃteːn   zoː   gaːr   ˈlaezə   vaes

Flüstern   von   Bräut'gam   und   nächstem   Jahr.
ˈflʏstərn   fɔn   ˈbrɔøtgam   ǀʊnt   ˈnɛːçstəm   jaːr

Das   Mägdlein   horchet,   es   rauscht   im   Baum;
das   ˈmɛːkdlaen   ˈhɔrçət   ǀɛs   raʊʃt   ǀɪm   baʊm

Sehnend,   wähnend   sinkt   es
ˈzeːnənd   ˈvɛːnənd   zɪŋkt   ǀɛs

Lächelnd   in   Schlaf   und   Traum.
ˈlɛçəlnt   ǀɪn   ʃlaːf   ǀʊnt   traʊm

When studying the recording of the native speaker on the cassette, it should be noted that the "R" sound needs to be modified to a flipped or rolled "R" when singing classical music in German.

DER NUSSBAUM

Julius Mosen
(original key G major)

Robert Schumann

blätt - rig die Ä - ste * aus.

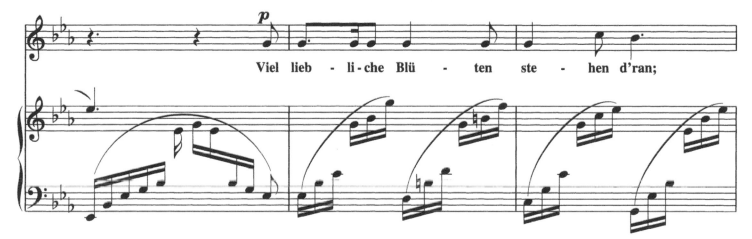

p

Viel lieb - li - che Blü - ten ste - hen d'ran;

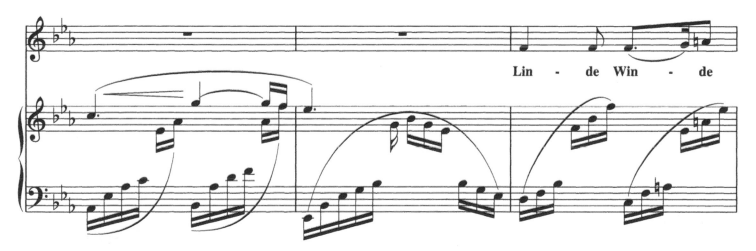

Lin - de Win - de

Kom - men, sie herz - lich zu um - fahn.

* This is the word in the original poem. In apparent haste, Schumann mistakenly substituted the word Blätter.

Es flü - stern je zwei zu

zwei ge - paart,

Nei - gend, Beu - gend Zier - lich zum Kus - se die Häupt - chen

zart.

rit. *(a tempo)*

Sie

wer mag ver - stehn so gar

Lei - se Weis'?

Flü - stern von Bräut' - gam und näch - stem

Jahr, vom näch - stem Jahr.

(a tempo)

Das Mägd - lein hor - chet,

es rauscht im Baum; Seh - nend, Wäh - nend,

Sinkt es lä - chelnd in Schlaf und Traum.

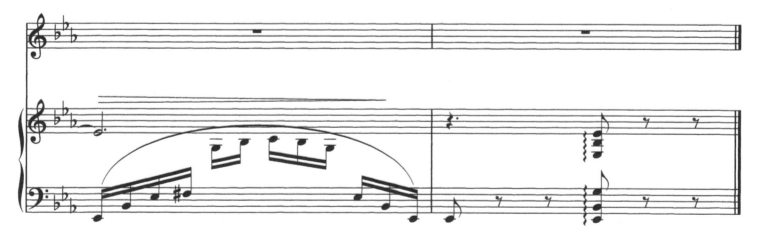

Widmung
Devotion

music by Robert Schumann   (1810-1856)
poem by Friedrich Rückert   (1788-1866)

Du meine Seele, du mein Herz,	*You my soul, you my heart,*
Du meine Wonn', o du mein Schmerz,	*you my delight, oh you my pain,*
Du meine Welt, in der ich lebe,	*you my world in which I live,*
Mein Himmel du, darein ich schwebe,	*my heaven you, into which I soar,*
O du mein Grab, in das hinab	*o you my grave in which*
Ich ewig meinen Kummer gab!	*I have buried forever my sorrows!*
Du bist die Ruh', du bist der Frieden,	*You are repose, you are peace,*
Du bist vom Himmel mir beschieden.	*you were given to me by heaven.*
Dass du mich liebst, macht mich mir wert,	*Your love makes me feel worthy.*
Dein Blick hat mich vor mir verklärt,	*Your glance has transfigured me*
	in my own eyes.
Du hebst mich liebend über mich,	*You lift me lovingly above myself,*
Mein guter Geist, mein bess'res Ich!	*My guardian spirit, my better self!*
Du meine Seele, du mein Herz,	*You my soul, you my heart,*
Du meine Wonn', o du mein Schmerz,	*you my delight, oh you my pain,*
Du meine Welt, in der ich lebe,	*you my world in which I live,*
Mein Himmel du, darein ich schwebe,	*my heaven you, into which I soar,*
Mein guter Geist, mein bess'res Ich!	*My guardian spirit, my better self!*

Widmung
ˈwɪtmʊŋ

Du	meine	Seele,	du	mein	Herz,		Du	meine	Seele,	du	mein	Herz,
du:	ˈmaenə	ˈze:lə	du:	maen	hɛrts		du:	ˈmaenə	ˈze:lə	du:	maen	hɛrts

Du	meine	Wonn',	o	du	mein	Schmerz,		Du	meine	Wonn',	o	du	mein	Schmerz,
du:	ˈmaenə	vɔn	ǀo:	du:	maen	ʃmɛrts		du:	ˈmaenə	vɔn	ǀo:	du:	maen	ʃmɛrts

Du	meine	Welt,	in	der	ich	lebe,		Du	meine	Welt,	in	der	ich	lebe,
du:	ˈmaenə	vɛlt	ǀɪn	de:r	ɪç	ˈle:bə		du:	ˈmaenə	vɛlt	ǀɪn	de:r	ǀɪç	ˈle:bə

Mein	Himmel	du,	darein	ich	schwebe,		Mein	Himmel	du,	darein	ich	schwebe,
maen	ˈhɪməl	du:	daˈraen	ǀɪç	ˈʃve:bə		maen	ˈhɪməl	du:	daˈraen	ǀɪç	ˈʃve:bə

O	du	mein	Grab,	in	das	hinab		Mein	guter	Geist,	mein	bess'res	Ich!
ǀo:	du:	maen	gra:p	ǀɪn	das	hɪˈnap		maen	ˈgu:tər	gaest	maen	ˈbesrəs	ǀɪç

Ich	ewig	meinen	Kummer	gab!
ǀɪç	ˈle:vɪç	ˈmaenən	ˈkʊmər	ga:p

Du	bist	die	Ruh',	du	bist	der	Frieden,
du:	bɪst	di:	ru:	du:	bɪst	de:r	ˈfri:dən

Du	bist	von	Himmel	mir	beschieden.
du:	bɪst	fɔn	ˈhɪməl	mi:r	bəˈʃi:dən

Dass	du	mich	liebst,	macht	mich	mir	wert,
das	du:	mɪç	ǀi:pst	maχt	mɪç	mi:r	ve:rt

Dein	Blick	hat	mich	vor	mir	verklärt,
daen	blɪk	hat	mɪç	fo:r	mi:r	fɛrˈklɛ:rt

Du	hebst	mich	liebend	über	mich,
du:	he:bst	mɪç	ˈǀi:bənd	ǀy:bər	mɪç

Mein	guter	Geist,	mein	bess'res	Ich!
maen	ˈgu:tər	gaest	maen	ˈbesrəs	ǀɪç

When studying the recording of the native speaker on the cassette, it should be noted that the "R" sound needs to be modified to a flipped or rolled "R" when singing classical music in German.

WIDMUNG

Franz Rückert
(original key A-flat major)

Robert Schumann

Du mei-ne See - le, du mein Herz, Du mei-ne Wonn', ___ o du mein Schmerz, Du mei-ne Welt, ___ in der ich le - be, Mein Him - mel du, ___ dar - ein ich

schie - den, Daß du mich liebst, macht mich mir wert, _____ Dein Blick hat

mich _____ vor mir ver - klärt, _____ Du hebst mich lie - bend ü - ber

mich, Mein gu - ter Geist, mein bess' - res Ich!

Du mei - ne See - le, du mein Herz. Du mei - ne Wonn', _____ o du mein

Schmerz, Du mei-ne Welt, _____ in der ich le - be, Mein Him - mel

steigend *und*

du, _____ dar - ein ich schwe - be, Mein gu - ter Geist, mein bess' - res

rit. *eilend* *rit.*

Ich!

p

rit.

rit.

Dein blaues Auge
Your Blue Eyes

music by Johannes Brahms   (1833-1897)
poem by Klaus Groth   (1819-1899)

Dein blaues Auge hält so still,
Ich blicke bis zum Grund.
Du fragst mich, was ich sehen will?
Ich sehe mich gesund.

Your blue eyes are so serene
that I can gaze into their depths.
You ask me what I wish to see?
I see myself healed.

Es brannte mich ein glühend Paar,
Noch schmerzt das Nachgefühl:
Das deine ist wie See so klar,
Und wie ein See so kühl.

Once I was burned by a glowing pair.
I can still feel the pain.
But your eyes are as clear as a lake
and like a lake so soothing.

Dein blaues Auge
daen'blaʊəs'laʊgə

Dein	blaues	Auge	hält	so	still,
daen	'blaʊəs	'laʊgə	hɛlt	zo:	ʃtɪl

Ich	blicke	bis	zum	Grund.
ɪç	'blɪkə	bɪs	tsʊm	grʊnt

Du	fragst	mich,	was	ich	sehen	will?
du:	fra:kst	mɪç	vas	ɪç	'ze:ən	vɪl

Ich	se:he	mich	gesund.
ɪç	'ze:ə	mɪç	gə'zʊnt

Es	brannte	mich	ein	glühend	Paar,
ɛs	'brantə	mɪç	laen	'gly:ənt	pa:r

Noch	schmerzt	das	Nachgefühl:
nɔχ	ʃmɛrtst	das	'na:χgə'fy:l

Das	deine	ist	wie	See	so	klar,
das	'daenə	lɪst	vi:	ze:	zo:	kla:r

Und	wie	ein	See	so	kühl.
lʊnt	vi:	laen	ze:	zo:	ky:l

When studying the recording of the native speaker on the cassette, it should be noted that the "R" sound needs to be modified to a flipped or rolled "R" when singing classical music in German.

DEIN BLAUES AUGE

Klaus Groth
(original key E-flat major)

Johannes Brahms

Dein blau - es Au - ge hält so still, Ich bli - cke bis zum Grund, Du fragst mich, was ich se - hen will? Ich se - he mich ge - sund. Es brann - te mich ein

Wie Melodien zieht es mir
Like Melodies it Passes

music by Johannes Brahms   (1833-1897)
poem by Klaus Groth   (1819-1899)

Wie Melodien zieht es
mir leise durch den Sinn,
wie Frühlingsblumen blüht es
und schwebt wie Duft dahin.

Doch kommt das Wort und fasst es
und führt es vor das Aug',
wie Nebelgrau erblasst es
und schwindet wie ein Hauch.

Und dennoch ruht im Reime
verborgen wohl ein Duft,
den mild aus stillem Keime
ein feuchtes Auge ruft.

Like melodies it passes
gently through my mind.
Like spring flowers it blooms
and hovers away like fragrance.

Yet if a word comes and seizes it
and leads it before the eye
like a gray mist it fades
and vanishes like a breath.

Even so, there remains in the rhyme
a well-concealed fragrance,
which, gently, from the silent bud,
can be summoned forth by tears.

Wie Melodien zieht es mir
viː meloˈdiːən tsiːt ǀɛs miːr

Wie	Melodien	zieht	es
viː	meloˈdiːən	tsiːt	ǀɛs

mir	leise	durch	den	Sinn,
miːr	ˈlaezə	dʊrç	deːn	zɪn

wie	Frühlingsblumen	blüht	es
viːˈ	fryːlɪŋsˈbluːmən	blyːt	ǀɛs

und	schwebt	wie	Duft	dahin.
ǀʊnt	ʃveːpt	viː	dʊft	daˈhɪn

Doch	kommt das	Wort	und fasst es
dɔχ	kɔmmt das	vɔrt	ǀʊnt fast ǀɛs

und	führt	es	vor	das	Aug',
ǀʊnt	fyːrt	ǀɛs	foːr	das	ǀaʊg

wie	Nebelgrau	erblasst	es
viː	ˈneːbəlgraʊ	ǀɛrblast	ǀɛs

und	schwindet	wie	ein	Hauch.
ǀʊnt	ˈʃvɪndət	viː	ǀaen	haʊχ

Und	dennoch	ruht	im	Reime
ǀʊnt	ˈdɛnnɔχ	ruːt	ǀɪm	ˈraemə

verborgen	wohl	ein	Duft,
fɛrˈbɔrgən	voːl	ǀaen	dʊft

den	mild	aus	stillem	Keime
deːn	mɪlt	ǀaʊs	ˈʃtɪləm	ˈkaemə

ein	feuchtes	Auge	ruft.
ǀaen	ˈfɔøçtəs	ǀaʊgə	rʊft

When studying the recording of the native speaker on the cassette, it should be noted that the "R" sound needs to be modified to a flipped or rolled "R" when singing classical music in German.

WIE MELODIEN ZIEHT ES MIR

Klaus Groth
(original key)

Johannes Brahms

faßt es Und führt es vor das Aug', Wie Ne - bel-grau er -

blaßt es Und schwin - det wie ein Hauch, und

dim.

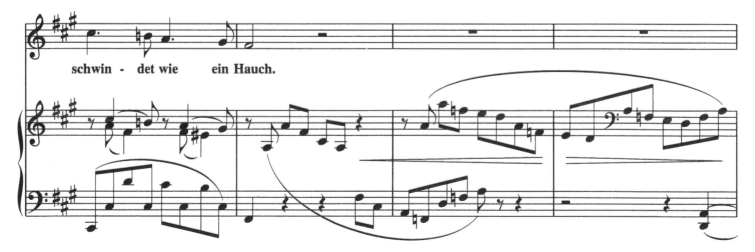

schwin - det wie ein Hauch.

Und den - noch ruht___ im ___ Rei - me Ver - bor - gen wohl ein

Duft, Den mild aus stil - lem Kei - me ein feuch - tes Au - ge

ruft, den mild aus stil - lem Kei - me ein

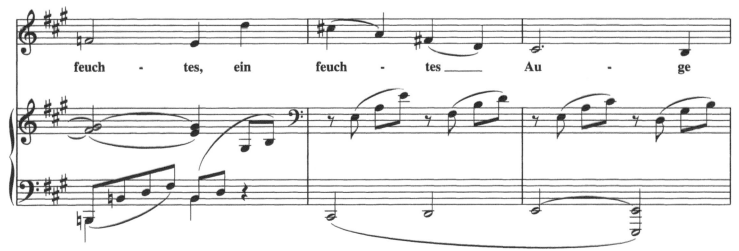

feuch - tes, ein feuch - tes Au - ge

ruft.

Der Gärtner
The Gardener

music by Hugo Wolf   (1860-1903)
poem by Eduard Mörike   (1804-1875)

Auf ihrem Leibrößlein,	*On her favorite steed*
So weiss wie der Schnee,	*as white as snow*
Die schönste Prinzessin	*the most beautiful princess*
Reit't durch die Allee.	*strides down the avenue.*
Der Weg, den das Rößlein	*Along the path where the horse*
Hintanzet so hold,	*prances so elegantly,*
Der Sand, den ich streute,	*the sand which I sprinkled*
Er blinket wie Gold!	*glitters like gold!*
Du rosenfarb's Hütlein	*Oh little rose-colored hat,*
Wohl auf und wohl ab,	*bobbing up and down,*
O wirf eine Feder,	*won't you please toss down a single feather*
Verstohlen herab!	*when no one is looking!*
Und willst du dagegen	*And if in return you should like*
Eine Blüte von mir,	*a flower from me,*
Nimm tausend für eine,	*take a thousand of them for your one!*
Nimm alle dafür!	*Take them all!*

Der Gärtner
de:r ˈgɛrtnər

Auf   ihrem   Leibrößlein,
ǀaʊf ǀiːrəm   ˈlaɛprœslaen

So   weiss   wie   der   Schnee,
zoː   vaes   viː   deːr ʃneː

Die   schönste   Prinzessin
diː   ˈʃøːnstə   prɪnˈtsɛsɪn

Reit't   durch   die   Allee.
raet   dʊrç   diː   ǀaˈleː

Der   Weg,   den   das   Rößlein
deːr veːk   deːn das ǀ ˈrœslaen

Hintanzet   so   hold,
ˈhɪntantsət zoː   hɔlt

Der   Sand, den   ich   streute,
deːr zant deːn ǀɪç   ʃtroøtə

Er   blinket   wie   Gold!
ǀeːr ǀ blɪnkət   viː   gɔlt

Du   rosenfarb's   Hütlein
duːǀ   roːzənfarps ǀ   hyːtlaen

Wohl   auf   und   wohl   ab,
voːl   ǀaʊf ǀʊnt voːl   ǀap

O   wirf   eine   Feder,
ǀoː   vɪrf ǀaenə ǀ   feːdər

Verstohlen   herab!
fɛrˈʃtoːlən   hɛˈrap

Und willst du dagegen
ǀʊnt vɪlst duː daˈgeːgən

Eine   Blüte   von mir
ǀaenə   ˈblyːtə   fɔn miːr

Nimm   tausend   für   eine,
nɪm ǀ   taʊzənd   fyːr ǀaenə

Nimm   alle   dafür!
nɪm   ǀalə daˈfyːr

When studying the recording of the native speaker on the cassette, it should be noted that the "R" sound needs to be modified to a flipped or rolled "R" when singing classical music in German.

DER GÄRTNER

Eduard Mörike
(original key D major)

Hugo Wolf

**Leicht, graziös
(Leggiero e grazioso)**
sempre staccato

Auf ih - rem Leib - röß - lein, So weiß wie der

Schnee, Die schön - ste Prin - zes - sin Reit't durch die Al -

lee.

Der Weg, den das

Röß - lein Hin-tan - zet so hold, Der Sand, _____ den ich streu - te, Er

blin - ket wie Gold! Du

ro - sen-farb's Hüt - lein Wohl auf und wohl ab, O wirf ei - ne

Fe - der Ver-stoh - len her - ab! Und willst du da-

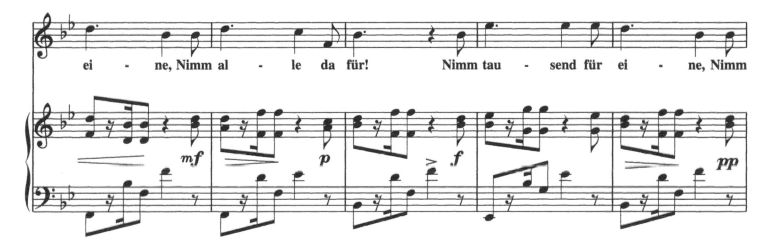

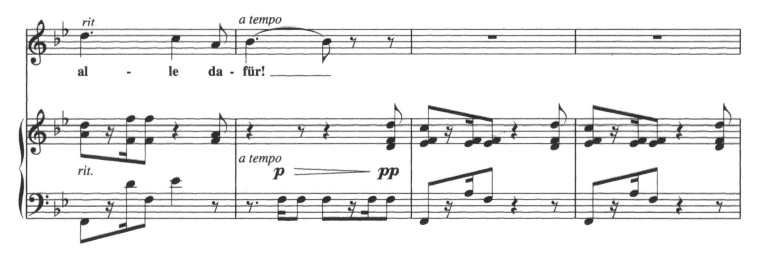

Verborgenheit
Seclusion

music by Hugo Wolf (1860-1903)
poem by Eduard Mörike (1804-1875)

Lass, o Welt, o lass mich sein!
Locket nicht mit Liebesgaben,
Lasst dies Herz alleine haben
Seine Wonne, seine Pein!

Was ich traure, weiss ich nicht,
Es ist unbekanntes Wehe;
Immerdar durch Tränen sehe
Ich der Sonne liebes Licht.

Oft bin ich mir kaum bewusst,
Und die helle Freude zücket
Durch die Schwere, die mich drücket,
Wonniglich in meiner Brust.

Lass, o Welt, o lass mich sein!
Locket nicht mit Liebesgaben,
Lasst dies Herz alleine haben
Seine Wonne, seine Pein!

Let me be, o world!
Do not tempt me with offerings of love.
Leave this heart alone to experience
its own joy, its own sorrow.

I know not why I grieve.
It is some unknown pain.
But always through my tears, I see
the loving light of the sun.

I often feel that I hardly know myself
and bright joy flashes
through the heaviness that oppresses me,
blissfully into my breast.

Let me be, o world!
Do not tempt me with offerings of love.
Leave this heart alone to experience
its own joy, its own sorrow.

Verborgenheit
fɛrˈbɔrgənhaet

Lass,	o	Welt, o	lass mich	sein!
las	ǀoː	vɛlt ǀoː	las mɪç	zaen

Locket	nicht mit	Liebesgaben,
ˈlɔkət	nɪçt mɪt	ˈliːbəsˈgaːbən

Lasst dies	Herz	alleine	haben
last diːs	hɛrts	ǀaˈlaenə	ˈhaːbən

Seine	Wonne,	seine	Pein!
ˈzaenə	ˈvɔnə	ˈzaenə	paen

Was ich	traure,	weiss ich nicht,
vas ǀɪç	ˈtraurə	vaes ǀɪç nɪçt

Es ist	unbekanntes Wehe;
ǀɛs ǀɪst	ǀunbəkantəsˈveːə

Immerdar	durch	Tränen	sehe
ǀɪmərdar	dʊrç	ˈtrɛːnən	ˈzeːə

Ich der	Sonne	liebes	Licht.
ǀɪç deːr	ˈzɔnə	ˈliːbəs	lɪçt

Oft	bin	ich mir	kaum	bewusst,
ǀɔft	bin	ǀɪç miːr	kaʊm	bəˈvʊst

Und die	helle	Freude	zücket
ǀunt diː	ˈhɛlə	ˈfrɔøʏdə	ˈtsʏkət

Durch	die	Schwere,	die	mich drücket,
dʊrç	diː	ˈʃveːrə	diː	mɪç ˈdrʏkət

Wonniglich in	meiner	Brust.
ˈvɔnɪçlɪç ǀɪn	ˈmaenər	brʊst

Lass, o	Welt,	o	lass mich sein!
las ǀoː	vɛlt	ǀoː	las mɪç zaen

Locket	nicht	mit	Liebesgaben,
ˈlɔkət	nɪçt	mɪt	ˈliːbəsˈgaːbən

Lasst dies Herz	alleine	haben
last diːs hɛrts	ǀaˈlaenə	ˈhaːbən

Seine	Wonne,	seine	Pein!
ˈzaenə	ˈvɔnə	ˈzaenə	paen

When studying the recording of the native speaker on the cassette, it should be noted that the "R" sound needs to be modified to a flipped or rolled "R" when singing classical music in German.

VERBORGENHEIT

Eduard Mörike
(original key E-flat major)

Hugo Wolf

Es ist un - be-kann - tes We - he; Im - mer - dar durch

Trä - nen se - he Ich der Son - ne lie - bes Licht.

nach und nach belebter und leidenschaftlicher
(with increasing passion and animation)

Oft bin ich mir kaum be - wußt,____

Und die hel - le Freu - de zü - cket Durch die Schwe-re,

48

Allerseelen
All Souls' Day

music by Richard Strauss   (1864-1949)
poem by Hermann von Gilm   (1812-1864)

Stell' auf den Tisch	*Place on the table*
die duftenden Reseden,	*the fragrant mignonettes,*
die letzten roten Astern	*bring in the last*
trag' herbei,	*red asters,*
und lass uns wieder	*and let us speak again*
von der Liebe reden,	*of love*
wie einst im Mai.	*as once in May.*
Gib mir die Hand,	*Give me your hand*
dass ich sie heimlich drücke,	*that I may secretly hold it*
und wenn man's sieht,	*and if anyone sees*
mir ist es einerlei,	*it doesn't matter to me.*
gib mir nur einen	*Give me just one*
deiner süssen Blicke,	*of your sweet glances*
wie einst im Mai.	*as once in May.*
Es blüht und duftet heut'	*Every grave blooms*
auf jedem Grabe,	*and glows today,*
ein Tag im Jahr ist ja	*The one day in the year*
den Toten frei,	*that belongs to the dead.*
komm an mein Herz,	*Come to my heart*
dass ich dich wieder habe,	*that I may hold you again*
wie einst im Mai.	*as once in May.*

Allerseelen
ˈʔalərzeːlən

Stell' auf   den   Tisch die duftenden   Reseden,
ʃtɛl ʔaʊf   deːn tɪʃ   diːˈdʊftəndən   rəˈzeːdən

die letzten roten   Astern   trag ' herbei,
diːˈlɛtstənˈroːtən   ˈʔastərn   traːk herˈbaɛ

und lass   uns   wieder von der Liebe   reden,
ʔʊnt las   ʔunsˈviːdər fɔn deːrˈliːbə   ˈreːdən

wie einst   im Mai.
viː ʔaenst ʔɪm maɛ

Gib mir   die Hand,   dass ich sie heimlich drücke,
gɪp miːr   diː hant   das ʔɪç ziːˈhaemlɪçˈdrʏkə

und wenn man's sieht,   mir ist es   einerlei,
ʔʊnt vɛn   mans ziːt   miːr ʔɪst ʔɛs   ˈʔaenərlae

gib   mir   nur einen   deiner   süssen Blicke,
gɪp   miːr   nuːrˈʔaenən   ˈdaenər   ˈzyːsənˈblɪkə

wie   einst   im   Mai.
viː   ʔaenst   ʔɪm   maɛ

Es   blüht und duftet   heut'   auf   jedem Grabe,
ʔɛs   blyːt ʔʊntˈdʊftet hɔøt   ʔaʊfˈjeːdəmˈgraːbe

ein   Tag   im   Jahr ist   ja   den   Toten frei,
ʔaen taːk   ʔɪm   jaːr ɪst   jaː   deːn ˈtoːtən fraɛ

komm an mein Herz,   dass ich   dich wieder   habe,
kɔm ʔan maen hɛrts das ʔɪç   dɪçˈviːdər   ˈhaːbə

wie   einst   im   Mai.
viː   ʔaenst   ʔɪm   maɛ

When studying the recording of the native speaker on the cassette, it should be noted that the "R" sound needs to be modified to a flipped or rolled "R" when singing classical music in German.

ALLERSEELEN

Hermann von Gilm
(original key E-flat major)

Richard Strauss

Stell' auf den Tisch die duf-ten-den Re-se - den, Die letz-ten ro-ten A-stern trag' her-bei Und laß uns wie-der von der Lie - be re-den, Wie einst im

Zueignung
Dedication

music by Richard Strauss   (1864-1949)
poem by Hermann von Gilm   (1812-1864)

Ja, du weisst es, teure Seele,
dass ich fern von dir mich quäle,
Liebe macht die Herzen krank,
        Habe Dank.

Einst hielt ich, der Freiheit Zecher,
hoch den amethysten Becher,
und du segnetest den Trank,
        Habe Dank.

Und beschworst darin die Bösen,
bis ich, was ich nie gewesen,
heilig, heilig an's Herz dir sank,
        Habe Dank.

Yes, you know it, dear soul,
that when I am away from you I suffer.
Love makes hearts sick.
        I am thankful!

Once, reveling in freedom, I
lifted high the amethyst cup
and you blessed the drink.
        I am thankful!

And you drove out the evils within it
until I, as never before,
humbled, sank upon your heart.
        I am thankful!

Zueignung
ˈtsuɑegnʊŋ

Ja,   du weisst es, teure   Seele,
jɑː   duː vɑest ɛsˈtɔørə ˈzeːlə

dass ich fern von dir   mich   quäle,
das ɪç fɛrn fɔn diːr mɪç   ˈkveːlə

Liebe macht   die Herzen   krank,
ˈlibə mɑχt   diːˈhɛrtsən   krɑŋk

Habe   Dank.
ˈhɑːbə   dɑŋk

Einst   hielt ich,   der Freiheit   Zecher,
ɑenst   hiːlt ɪç   deːrˈfrɑehɑet ˈtseçər

hoch den   amethysten   Becher
hoːχ deːn ɑməˈtystən   ˈbeçər

und   du segnetest   den Trank,
ʊnt du ˈzeːgnətəst   deːn trɑŋk

Habe   Dank.
ˈhɑːbə   dɑŋk

Und beschworst darin   die Bösen,
ʊnt bəˈʃvɔrst dɑˈrɪn   diːˈbøːzən

bis   ich, was ich nie gewesen,
bɪs   ɪç vɑs ɪç niː gəˈweːzən

heilig, heilig   an's Herz   dir sank,
ˈhɑelɪç ˈhɑelɪç ɑns hɛrts   diːr sɑŋk

Habe   Dank.
ˈhɑːbə   dɑŋk

When studying the recording of the native speaker on the cassette, it should be noted that the "R" sound needs to be modified to a flipped or rolled "R" when singing classical music in German.

ZUEIGNUNG

Hermann von Gilm
(original key C major)

Richard Strauss

54

Dank. *con espr.*

mf

Einst hielt ich, der

p

Frei - heit Ze - cher, Hoch den A - me - ty - sten Be - cher,

Und du seg - ne - test den Trank, Ha - be Dank.

con espr.

p

mit Weihe (religioso)

Und be- schworst da -

p

rin die Bö - sen, Bis ich, was ich

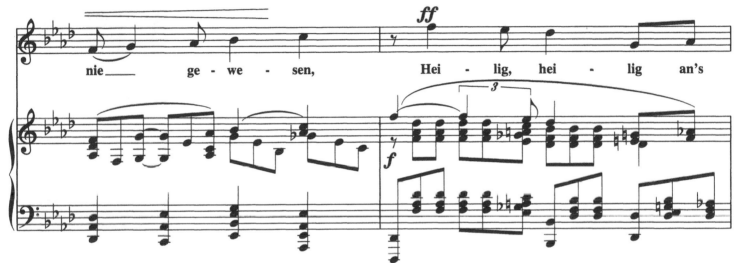

nie ___ ge - we - sen, Hei - lig, hei - lig an's

Herz dir sank,

Ha - be Dank.